harmony
of languages

Ukrainian

український

lyric
by
Ralf Schröder

© 2022 Ralf Schröder
Herstellung und Verlag: BoD – Books on
Demand, Norderstedt
ISBN: 9783753453927

The soul

особа, душа

Не буває випадковостей
просто нескінченний ланцюг подій.

Не буває випадковостей.
Немає такого
ні щастя, ні нещастя.

Людина створює реальність
своїм розумом.

Something like that does not exist
a coincidence in the world
just an infinite chain of events.

If it's not a coincidence
something like that does not exist
happiness and misfortune.

Good luck and bad luck
is created by the mind.

Людська гідність – найвище благо
і не повинні бути скомпрометовані.

Людську гідність треба захищати
це наш обов'язок.

Це відповідальність кожного
Спільнота означає ти і я.

The Dignity of the Soul
she is untouchable.

It is necessary,
that is responsibility,

From all of us,
from you and me.

Земля і сонце,
Людина і природа,
яка нагорода
яке задоволення
Потрібне розуміння.

Живий на землі тут
давати і брати.

Ми за громаду
але ніколи не забувайте дарувати.

Earth and sun,
human and nature,
how harmonious
you know her.

Life on earth,
is a kind of give and take,
a community,
never forget to give.

Є шлях до мети
ви хочете досягти мети
шлях веде через багато мостів,
час пройде швидко.

Але якщо ви подбаєте про інших
дає сили іншим
і безпека,

як досягти мети
де він прокидається
мир, бо без нього
ніхто далеко не заходить.

A way to the goal,
you want to reach the goal
there are many bridges
the time will pass quickly.

Care about others
stand up for the community

so you're,
achieve your goals
this is peace
nobody gets far without him.

Коли грім і блискавка
скрасити день
коли керує страх
якщо людина
поганими словами дзвенить, щось з нами
зазнати невдачі в майбутньому.

Тоді ви повинні
використовувати розум, щоб
робити добро
також у думках, у спогадах
минуле і
на відповідальність за наше майбутнє.

If thunder and lightning
brighten the day
when fear is fueled
to gain victory.

When people say bad things
a stay with us
will fail in the future.

Then you should
with the past
be ready to take
responsibility, responsibility
for our future.

Не блиск
не слава
не шляхетний
вирішує про душу.

Це розум
і серце
в людині,
душа
роблячи щасливим.

Свій, як і чужий.

Not shiny
not famous
not wealth
decide.

It's the mind and the heart
with us humans.

That makes the soul happy
Your own and those
from strangers.

Захищає моря,
річки від забруднення,
охороняє природу,
охороняє ліси
перед смертю
так ти захищаєш нашу душу.

Знання з минулого,
ви зрозумієте оточення
ніколи не був суперником, ніколи не був небезпекою
без волі природи
людини не існує.

Save the oceans,
rivers from pollution,
protect nature,
save the forest from death,
protect our souls.

From the past,
understand nature.

Nature is not a threat
without nature man does not exist.

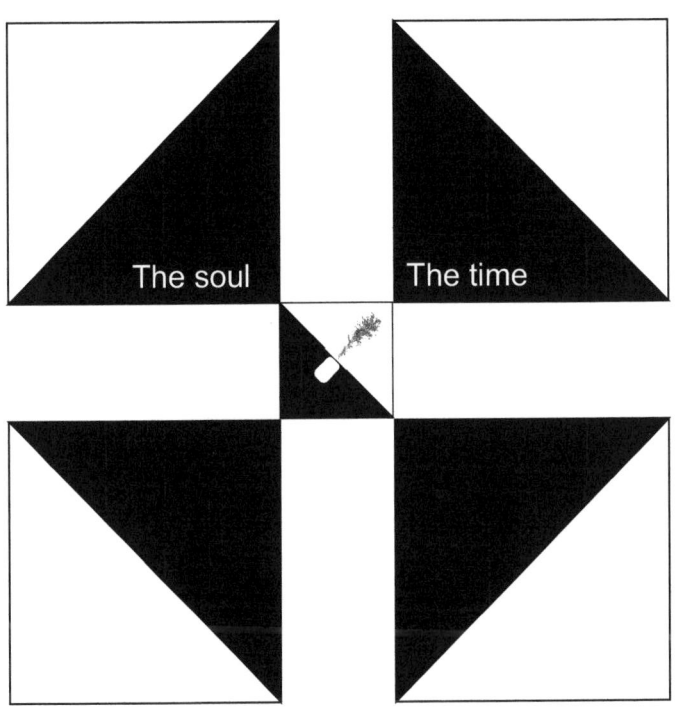

The soul

The time

особа, час

Жодна мить життя
не залишає його
душу незайманою.

Навіть якщо мине час,
саме громада
тримає момент.

Not a moment of life
at the soul
passes.

Even if time flies
the community
protects the moment.

Що представляє час?

Хто встановлює час?

Вона чоловік чи жінка?

Чи нескінченний час?

What time is it?

Who builds the time?

Does she have children?

Is there a beginning, an end?

Час обмежений.

Час є лише частиною цілого.

Час є людським.

Час - це винахід.

She is finite.

She is only part of the whole.

She is man made.

She is an invention.

З тих пір,
як людина була на землі,
описуючи сонце
і місяць словами,

в чергуванні темряви
і яскравості,
людина описувала
моменти як час.

People are
on earth,

Sun and moon
described in words,

in exchange
of darkness and light,

the moments
described as time.

Імпульс описати
час словами
і цифрами виник

із спонукання записувати
повторювані
моменти подій,

щоб використовувати
їх для громади.

The impulse the time
in words and numbers
summarize,

came out of compulsion
recurring moments,

to record the events
to use this

for the community.

Людина і час
нерозривно пов'язані,
як чорне і біле.

Тому що людина
може існувати
лише тому,

що світло й тінь грають
одне з одним часу.

Man and time
are inextricably linked
like the black one
and know that.

Because the human
can only exist
because the light
the shadow

in the interplay of time
play with each other.

Земля і місяць,
сонце, планети,

є лише частиною цілого,
як людина і природа.

Якщо жоден з вас
не рухається вчасно,
часу більше не буде.

The earth and the moon,
the sun,
the planets,

are just a part
of a whole
like human
and nature.

No movement
from the community
the time
will go down.

Крутиться невпинно,
земля, час,
яка удача час
незворотний.

Тому що майбутнє
відокремлено
від минулого.

She turns
without ceasing,
the earth,
the time.

What luck
there is no return
no turning back.

Because the future
is separated,
against the past.

Якщо цей закон природи,
творіння піддається
сумніву,

щасливі моменти,
моменти прозріння
були б постійно в небезпеці,

зникла в
невизначеності
можливості змін.

Will this law
of nature, of creation
questioned,

the happy moments
moments of insight
always in danger

disappeared
in uncertainty
the possibility
Change.

Тут, момент, с
ьогодення

вже є
частиною минулого.

Вони є частиною
нашого життя на землі,
як на самоті,
так і в спільноті.

The here, the moment
the presence

are now
part of the past.

You are part
our life on earth,

in solitude
as well as in the community.

Події і моменти
утворюють рядок,

сума цієї
однієї площі,

громада
формує зміст,

без волі
немає подорожі
в часі.

Events and moments
create a line,

the sum of these
forms an area.

The community
is the content.

Without will
no trip
to the goal.

Використовуйте даний вам час,
щоб робити добро
для нас протягом
усього життя,

час після того,
як ви повинні
залишитися гідним життя.

Але не забувайте про Я,
йому потрібна сила,
йому потрібен відпочинок,
йому потрібен час разом.

Use the time
time given to you
create good
for us, for life.

The time must
be usable after you.

Don't forget you
it takes strength
it needs rest
it participates
at our time.

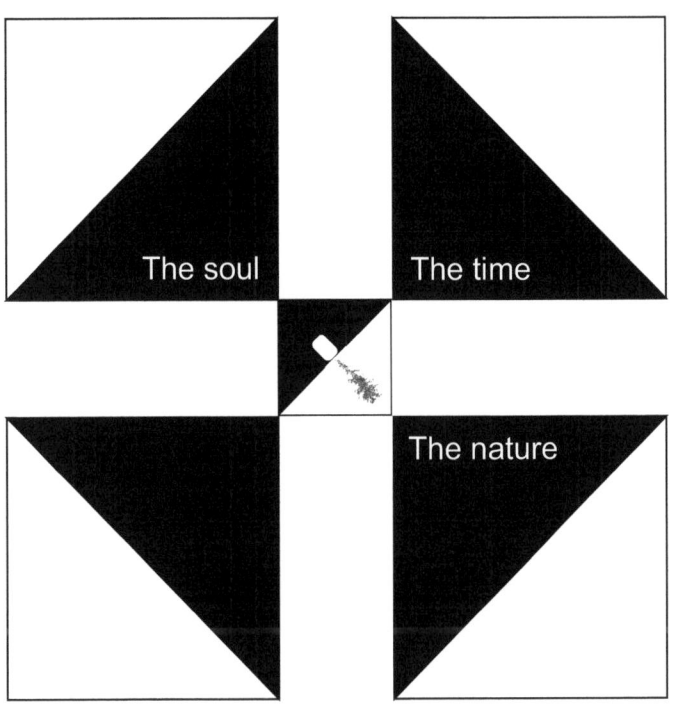

The soul

The time

The nature

особа, природа

Зірки, Сонце, Місяць і Земля
є єдиними в створенні.

Людина називає це природою.

Якщо людина
ставиться до вас з повагою,
вона може залишитися.

Stars, Sun, Moon, Earth
one unity.

Man calls it nature.

Does he have respect
can he stay.

29

Спочатку була

темрява в цілому,
порожнеча ні в чому.

Тільки тоді,
коли випадковість,
якої не існує,
створила елементи. .

At the beginning

stood the darkness
the emptiness in nothing.

The coincidence
who doesn't exist
created elements of nature.

Це був збіг
обставин чи
нескінченний
ланцюг подій

наприкінці якого,
сьогодення,
земля гармонійно
обертається

навколо сонця.

What it coincidence
or
an infinite chain
of moments?

At the end
a gift,
the earth rotates in harmony

around the sun.

Коли природа
виникла з
вогню з
води на землі,

це була
просто щаслива мить,
яка врятувала

нас від темряви.

By fire
of water
on earth
nature came into being.

It was only one
of happy moments
he had us
before the dark

protected.

Оскільки правильні
елементи не
зустрічалися кожного
моменту в минулому,

який створив
основу для
життя на

землі.

Not every moment
in the past,

have correct elements
fulfills the basis
for life.

On earth
managed.

Ні один день не
схожий на наступний,
жодна мить не
схожа на наступний,

Матінка-природа
не завжди
готова до всього.

Вона не
терпить знущань,
але радіє кожному зернятку,
що виростає.

Not the day
is like another day
the moment
is unique.

The mother nature
is at no time
ready for anything.

She can't take it
that she is being abused
but rejoices in every seed
that sprouts.

Сказати спасибі тим,
хто рятує
зерно від гниття,
знищення, забуття.

Бо жодне насіння
не можна забувати,
за ним треба доглядати,
поливати,

інакше воно загине.

To say thank you
to keep the seed
before decay,
the sinking
the oblivion.

The seed must not be forgotten
needs care
must be poured
otherwise the seed perishes.

Коли вода
прагне глибоко,
до центру сили,

коли життєва
кров постійно
прагне до,
у створінь тут,
на землі,

тоді в грі не
тільки воля.

If water
longs for the deep
the middle-point
against the force.

If the elixir of life
constantly have to fight against it
at creatures
Here on earth

then it is not
only the will
in the game.

У грі стихій у нашій
природі вирішує
не завжди сила,

а завжди
воля істот
бажати цього

проти їхніх спогадів,
проти минулого

з часом.

In the play of the elements
in our nature
doesn't always decide
the power

but always the will
of creatures
if you want it
against the memories
against the past

with time.

Чи магній є будівельним
матеріалом природи?

Чи є залізо будівельним
матеріалом життя?

Чи є перший елемент
будівельним блоком?

Наш кисень
один із них?

Is magnesium
a building block of nature?

Is iron
a building block of life?

Is the first
elements a building block?

Is ours
oxygen
one of these?

Так,
ви всі невід'ємні елементи,

важливий елемент
будь-якої громади на землі.

Але стосунки між
зеленим і життям чутливі,

людина
є лише її частиною.

Yes all are
an essential element.

An element of every community
on earth.

But the relationship
Between green
Life is sensitive

The human being
is just part of it.

Ви можете жити разом,
тільки якщо будете
жити разом.

Кожен визначає
Ми для себе
в гармонії з природою.

Тільки якщо індивід
у суспільстві цього захоче,
Я стане Ми.

You can only live
together if you carry
yourself together.

Everyone determines
the We for themselves
in harmony with nature.

Only if the individual
in the community wants
it will the I become the We.

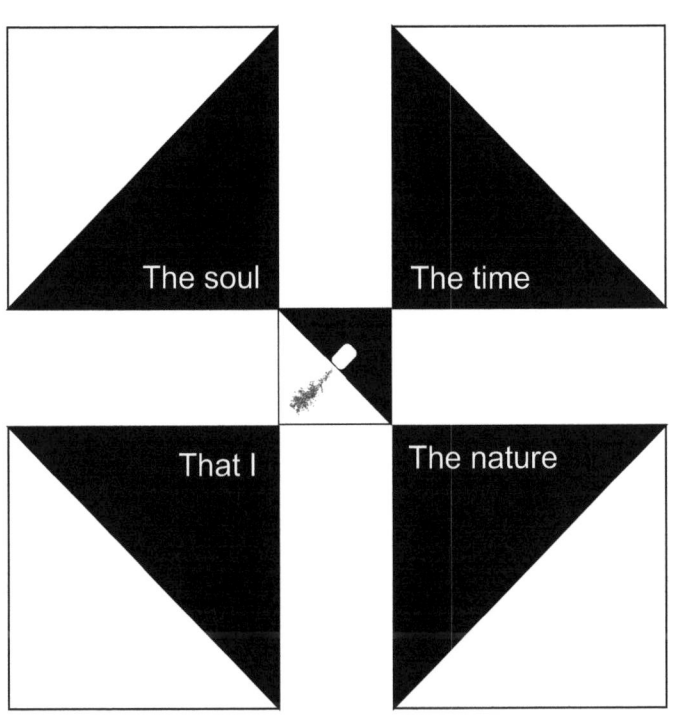

The soul

The time

That I

The nature

особа, я

Робити
помилки – це
право людини.

Визнавати
помилки – людський
обов'язок.

Make mistakes
is a human right.

Admitting mistakes
is a human duty.

Це мета,
яка змушує нас рости?

Це спосіб,
який дозволяє нам вчитися?

Чи це самотність,
спільність робить
нас людьми?

Is it the goal
that makes us grow?

Is it the way
that lets us learn?

Is it the loneliness,
the community
that makes us human? .

Досягнення
мети – бажання
кожного.

Щоб розпочати
шлях до мети,

потрібна воля
розділити шлях
з іншими.

To reach the goal
is the wish
From all.

On the way
to kick
to the goal,
presupposes the will
to start the way

with others the way
to go.

Спільнота - це

коли ви разом
допомагаєте і
захищаєте
один одного,

хоча там,
де всі вдома.

Community is

if you
together
helps and protects

although
where at home

everybody is.

Одне
об'єднує всіх,
тільки разом

ви зможете
досягти мети
жити

в суспільстві.

The one
connects
the people,

only
together
you can do it
the goal

community
to
Life.

Життя
занадто
різноманітне,

щоб
ризикувати
ним у
плині часу.

Our
life
are closed
versatile,

them as a whole
in the flow of time
to question.

Кожна людина
на землі має
зробити свій

внесок у
збереження життя,

позитивно
формувати
його на
власний розсуд.

Everyone should
contribute
on our earth

with his mind
at his discretion

it for the future
to make positive.

Якщо думати,
то
мінімалізм - це перевага,

щоб досягти
максимальної
ефективності
в моменти,

коли потрібно
заощадити час.

When thinking
is minimalism
advantageous

around in a few moments
maximum efficiency
to be able to reach

if time
rescued
must be.

Шахи - це
гра без крові
та страждань,
але також для того,

щоб показати
себе проти інших.

Чорно-біле - це
лише відображення
світла і тіні,

а в грі це колір
тебе і мене.

Chess is a game
without blood without suffering
but also about yourself
to prove against others.

Black and white
is just the reflection
of light and shadow
in the game

a color of you and me.

Нехай світло
веде вас туди,
куди ви хочете
досягти
своєї мети.

Будьте готові
до обхідних
шляхів,

ви відчуєте
правду.

The light should
guide you
same as
where you
the goal you have in mind
reaches the horizon in the future.

Be ready
diversions
for you to accept.

You experience the truth.

Використовуйте сьогодення,
щоб нагадувати
про минуле та позитивно
формувати майбутнє
під цими
враженнями.

Кожна людина
живе лише
один раз і тому

лише обмежений час.

Use our presence
to the common past
to exchange memories
and the future
under the impressions
to make positive.

Each of us only lives once
so only for a limited time
our souls, on the other hand, live forever.

Жодний шлях
не надто далекий,
якщо я цього хочу.

Це ще далеко,
шлях недалекий.

Те,
яким стає кожен,
визначає шлях до мети.

Важливо тільки
почати йти по
шляху до мети.

No way is too far,
if i want it.

It has not yet been reached
far is not the way.

What everyone becomes
determines the way to the goal.

Only it counts
the way to the goal
start walking.

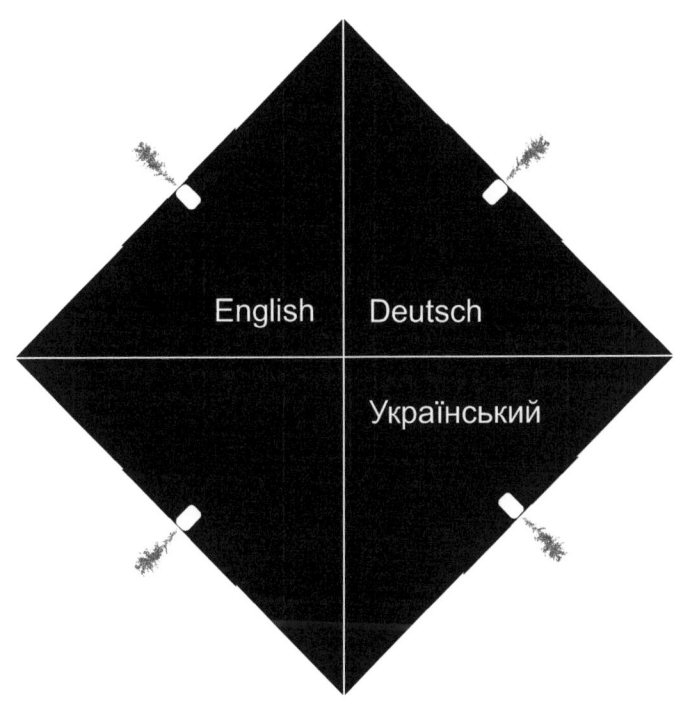

English Deutsch

Українській

harmony of languages
гармонія мов

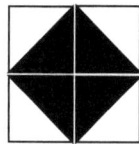

War and peace,
decline and progress,
perish and prosper
past that must be accepted.

With this knowledge
with these insights
with the inventions of that time,
more than repetition is possible.

It is now in man's hands
with each other, together
to keep the present
shape the future in peace.

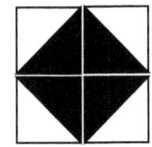

Teil dieser Welt
aus der Gemeinschaft geboren,
durch Bänder verbunden,
von der Natur geprägt.

Der Mensch als Teil
mit Ideen die Vergangenheit gestaltet,
Verderben mit anderen gebracht,
hat es jetzt in Frieden geschafft.

Part of this world
born of the community,
connected by ribbons,
shaped by nature.

The people as part
shaped the past with ideas,
brought ruin with others,
made it to now in peace.

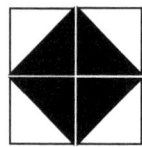

Земля, матінка природа затамувала подих.
Мир поступається місцем війні.
Темрява захоплює владу.
Одного дня почалася катастрофа.

Народ бореться проти вищої сили.
Громада тримається разом.
Розум і серце повинні торкатися землі.
Скористайтеся можливістю домовитися.

Людство заслуговує на світло.
Тільки мир створює можливість розвитку.

Earth, Mother Nature held her breath.
Peace gives way to war.
Darkness seizes power.
One day a catastrophe began.

The people are fighting against a higher power.
The community sticks together.
Mind and heart must touch the earth.
Take the opportunity to negotiate.

Mankind deserves light.
Only peace creates an opportunity
for development.